Société de Géographie & d'Archéologie d'Oran

OBSERVATIONS SOMMAIRES

SUR LES TRACÉS

DU

CHEMIN DE FER TRANSSAHARIEN

Par l'Est ou l'Ouest de l'Algérie

Présentées à M. BOURLIER, Député

Rapporteur de la Commission du Transsaharien

BOUTY

CONTRÔLEUR PRINCIPAL DES MINES

SECRÉTAIRE GÉNÉRAL DE LA SOCIÉTÉ DE GÉOGRAPHIE ET D'ARCHÉOLOGIE D'ORAN

ORAN

IMPRIMERIE D. HEINTZ

9, Boulevard Malakoff, 9

1890

Société de Géographie & d'Archéologie d'Oran

OBSERVATIONS SOMMAIRES

SUR LES TRACÉS

DU

CHEMIN DE FER TRANSSAHARIEN

Par l'Est ou l'Ouest de l'Algérie

Présentées à M. BOURLIER, Député

Rapporteur de la Commission du Transsaharien

BOUTY

CONTRÔLEUR PRINCIPAL DES MINES

SECRÉTAIRE GÉNÉRAL DE LA SOCIÉTÉ DE GÉOGRAPHIE ET D'ARCHÉOLOGIE D'ORAN

ORAN

IMPRIMERIE D. HEINTZ

9, Boulevard Malakoff, 9

1890

AVANT-PROPOS

Le Comité administratif de la Société de Géographie et d'Archéologie d'Oran, préoccupé des agissements qui se produisent en ce moment à Paris, au sujet du chemin de fer transsaharien, par la province de Constantine, a pensé qu'il était de son devoir d'intervenir dans la discussion, afin de faire prévaloir le tracé dont elle s'occupe depuis 1878, et qui lui semble le seul capable de résoudre la question dans de bonnes conditions économiques.

A cet effet, le Comité, dans sa séance du 25 août, a désigné une Commission, avec mandat de rédiger un rapport sur cette question d'une importance capitale. Le travail sera adressé à M. le député Bourlier, rapporteur de la Commission chargée d'examiner la proposition de MM. Blachère, Bartissol et autres députés, concernant l'exécution du chemin de fer trans=saharien.

Le Comité croit devoir rappeler que, en 1879, lors de l'organisation des Commissions d'étude du chemin de fer transsaharien, la province d'Oran avait eté laissée sous silence. Grâce à l'intervention de notre Société, M. le Ministre des Travaux publics désigna une troisième Commission, dont la direction fut confiée à M. Pouyanne, Ingénienr en chef des Mines à Alger. C'est alors que le tracé occidental fut reconnu le meilleur des trois.

Dans le cas peu probable où le Parlement approuverait l'exécution de la section *Biskra-Ouargla,* le Commission solliciterait une faveur semblable pour la section *Aïn-Sefra-Igly*.

M. Bouty a été chargé de la partie technique et d'exploitation; M. Bédier, des questions géographique et commerciale.

OBSERVATIONS SOMMAIRES

SUR LES TRACÉS

DU

CHEMIN DE FER TRANSSAHARIEN

Par l'Est ou l'Ouest de l'Algérie

Présentées à M. BOURLIER, Député

Rapporteur de la Commission du Transsaharien

PARTIE TECHNIQUE ET D'EXPLOITATION

Il est incontestable que cette question du chemin de fer transsaharien intéresse aujourd'hui, à bon droit, les hommes soucieux de la grandeur de la Patrie et de l'influence que nous devons exercer dans les régions septentrionales de l'Afrique, particulièrement dans le Soudan occidental.

C'est un principe reconnu par les économistes et les hommes politiques les plus distingués, qu'il faut des colonies fortement peuplées pour assurer la production des matières premières indispensables à notre industrie; il en faut également pour le placement des produits manufacturés dans les usines de la Métropole et pour fournir un aliment productif à notre commerce et à notre navigation. Les colonies, c'est le salut, a dit M. Henri Mager, dont on ne contestera pas la compétence en pareille matière.

La politique coloniale de l'Angleterre, de l'Allemagne, de la Russie et des Etats-Unis n'a pas d'autre objectif.

Ces bases essentielles établies, je vais examiner sommairement les deux tracés du Transsaharien en présence, et rechercher quel est celui des deux qui répond le mieux aux conditions techniques et économiques d'une exploitation utile et profitable.

La Société de Géographie et d'Archéologie d'Oran s'occupe de cette question depuis 1878 ; elle a toujours apporté, dans l'accomplissement de cette tâche, un esprit de conviction et d'impartialité dont on lui rendra justice. C'est une cause d'intérêt général et d'humanité qu'elle poursuit : aucun intérêt particulier ne dirige ses actes.

Les deux tracés restés en présence, après l'élimination de divers autres projets, sont :

1° Le tracé oriental, ayant pour principales étapes : *Biskra, Ouargla, Amguid* ; puis, pour terminus, d'une part : *Bourroun*, au coude oriental du Niger ; d'autre part : le lac *Tchad*, par *Assiou ;*

Il est préconisé par MM. Rolland et Philebert; c'est le tracé marqué en bleu sur la carte ci-jointe ;

2° Le tracée occidental, dont les principaux jalons sont : *Aïn-Sefra, Igly, Timadanin* ou *Tourir*, au fond du Touat, puis *Timboktou* ou *Bourroun*.

Ce tracé est patronné par la Société de Géographie d'Oran ; c'est le tracé rouge de la carte.

Lors de la publication des *Notes complémentaires sur le Chemin de fer transsaharien*, parues dans le bulletin de la Société de Géographie d'Oran, du 1er trimestre 1890, je ne connaissais pas encore le travail de MM. Rolland, ingénieur des Mines, et Philebert, général, ayant pour titre : *La France en Afrique et le Transsaharien*, lequel m'est parvenu depuis peu de temps.

Ce travail, que j'ai lu attentivement et dont les conclusions sont défavorables au tracé occidental, m'oblige à remettre la question sur le tapis de la controverse ; il nécessite une discussion plus serrée, pour mettre en relief les qualités et les défauts des deux projets rivaux.

Cette critique sera cependant aussi brève que possible. Pour certains points, je me bornerai à renvoyer à la brochure signalée plus haut.

Certes, notre Société partage entièrement les appréciations patriotiques de MM. Rolland et Philebert, au sujet du rôle par trop effacé que nous avons joué jusqu'à présent, à propos des faits qui se passent en Afrique. Cette indifférence incroyable a nui considérablement à nos intérêts politiques et économiques ; elle a porté atteinte à notre prestige chez les populations soudaniennes. Ce prestige doit être relevé.

Comme ces Messieurs encore, nous pensons qu'il est urgent de résoudre la question de notre installation dans le Soudan central, en présence, surtout, des manœuvres d'autres nations rivales.

Espérons, toutefois, que nos hommes d'État auront aperçu le danger et que des résolutions énergiques seront prises pour la sauvegarde de nos intérêts et de notre dignité nationale. Il y a urgence.

Là où notre opinion diffère d'une façon radicale de celle des auteurs du tracé oriental, c'est dans la préférence ou le choix à faire de l'un ou de l'autre des deux tracés. Pour faire prévaloir leur système, MM. Rolland et Philebert déploient une activité prodigieuse. Leur présence constante à Paris, leur situation dans quelques Sociétés savantes, leurs relations personnelles avec des hommes politiques et avec la presse, sont mises utilement à profit.

Un semblable patronage manque à notre modeste Société ; mais elle a confiance dans la justice de la cause qu'elle défend. La Commission appréciera.

Avant d'entrer dans l'examen des faits, il m'a paru indispensable de poser queques règles générales.

Les conditions que doit remplir une voie ferrée résident dans les trois termes suivants, que l'on peut considérer comme absolus :

1° Exécution des travaux facile et peu coûteuse ;

2° Mode d'exploitation économique et aisé ;

3° Desservir le plus grand nombre possible d'intérêts, c'est-à-dire, des populations nombreuses produisant et consommant, car c'est là l'élément essentiel du trafic.

N'est-il pas évident, qu'un chemin de fer dont le capital de premier établissement serait considérable, dont les frais d'exploitation et de surveillance dépasseraient le produit brut, et qui desservirait des pays inhabitables et improductifs, serait une erreur économique désastreuse pour l'État au point de vue de la garantie ?

La comparaison des deux tracés en présence sera d'autant plus facile que les principales sections de chacun d'eux correspondent à des longueurs à peu près semblables. Ainsi, la section *Biskra-Ouargla* correspond à celle *Aïn-Sefra-Igly* ; — *Ouargla-Amguid* développe à peu près la même distance que *Igly-Timadanin*.

Amguid et Timadanin sont placés, d'ailleurs, sous le même parallèle.

Enfin, d'*Amguid* à *Bourroun,* le tracé oriental rencontre une variante de l'occidental à *Timissao* et se confond avec elle.

Je me hâte d'ajouter que cette dernière section : *Amguid-Bourroun,* ainsi que celles d'*Amguid* au *Tchad* et de *Timadanin-Timboktou,* ne sont pas suffisamment connues pour être l'objet d'une discussion sérieuse.

J'ai rapporté, avec tout le soin désirable, les deux tracés sur la carte de *l'Afrique septentrionale, édictée en 1883, par le Ministère des Travaux publics, en 4 feuilles.* Cette carte constitue le document géographique le plus récent, le plus complet qui ait paru jusqu'à présent. Elle renferme les derniers travaux exécutés dans ces régions. Je l'ai comparée à la carte publiée par M. Fourreau en 1888. Elle est à peu de chose près pareille ; je n'y ai trouvé d'autres différences qu'un artifice de dessin, c'est-à-dire que, dans l'œuvre de M. Fourreau, les ravins, les puits ou redir, les daya, sont marqués en bleu.

Sur la carte des Travaux publics, les moindres ksour ont été exactement reproduits d'après les travaux des divers explorateurs. Cette indication permet d'apprécier, au premier coup d'œil, quelle peut être la densité de la population des pays traversés.

I

TRACÉ ORIENTAL

Section de Biskra à Ouargla

La section de Biskra à Ouargla aura environ 330 kilo-mètres de longueur. Le pays est suffisamment connu ; on ne rencontrera point de difficultés techniques au point de vue de la substruction. L'eau destinée à l'alimentation des personnes et des chaudières est bonne ; mais elle n'est assurée sérieusement que jusqu'à Touggourt. Jusque-là, en effet, la voie ferrée traversera une région assez peuplée où des plantations importantes de palmiers ont été entreprises, dans ces derniers temps, par des sociétés particulières ; c'est la grande dépression de l'Oued R'hir où ont été creusés, avec succès, de nombreux puits artésiens, dont il ne serait peut-être pas prudent d'augmenter le nombre, par la raison qu'on ne possède aucune donnée sérieuse sur l'alimentation hydrologique de la nappe artésienne.

A partir de Touggourt, la situation n'est plus la même : le pays n'est presque pas habité ; un système de coloni-sation quelconque n'aura pas de chances de succès ; encore, devra-t-il avoir pour seul objectif la culture des palmiers. La densité de la population étant très faible, celle-ci dépensera aussi peu qu'elle produira. Elle fournira donc au trafic un contingent insignifiant, sinon nul. Voilà la vérité.

En ce qui concerne Ouargla, terminus de la première section, sa situation climatérique est déplorable. M. d'Estrey assure, dans le n° 12 du journal la *Géographie* (1890), que Insalah est extrèmement insalubre, « *peut-être à l'égal d'Ouargla!* » et il fait ressortir que les habitants d'Insalah sont rapetissés, épuisés par l'impaludisme.........

Cette appréciation paraît d'autant plus vraisemblable, qu'en 1863, M. Rocard, Ingénieur en chef des Mines à Oran, et M. Pomel, actuellement Directeur de l'École des Sciences, à Alger, rapportèrent, d'une excursion *d'Ouargla à Goléah,* des échantillons d'eau puisée à Ouargla, dont l'analyse hydrotimétrique accusa une composition vraiment déplorable. Cette eau est aussi mauvaise pour les Européens que pour les chaudières des locomotives.

Je ne m'étendrai pas davantage sur cette question, dont l'importance n'échappera pas aux Ingénieurs.

Je rappellerai seulement que toutes les eaux ne sont pas bonnes pour l'alimentation des chaudières. Les propriétés incrusantes de quelques-unes rendent leur emploi dangereux, tout au moins très coûteux, pour l'entretien des générateurs de vapeur.

Il est à craindre, dans ces conditions, que la deuxième partie de la section qui nous occupe : Touggourt-Ouargla, ne pèse lourdement sur la première, dont elle absorbera les profits.

Je comprends, à tout prendre, le prolongement de la voie ferrée de Biskra à Touggourt, à cause des nombreuses plantations de palmiers qu'elle pourra desservir et dans lesquelles MM. Rolland, Fourreau, Fau, Treille, Forcioli, etc., ont des intérêts importants. Il est également vrai de dire que ces Messieurs ont creusé des puits artésiens dans ces mêmes régions.

Mais ce prolongement ne sera utile qu'à la condition que l'on réduira la section de la voie à un mètre de largeur seulement, ou mieux, à un simple Décauville. Encore, cette réduction, qui s'impose au point de vue du prix de revient de la construction, fera naître des difficultés sérieuses relativement à l'exploitation. Elle nécessitera des manœuvres de transbordement de marchandises et l'installation d'un dépôt spécial de machines et de wagons à Biskra.

Il semble donc que l'on ne peut aller au delà de Touggourt, sans compromettre la garantie de l'Etat.

Section d'Ouargla à Amguid

Le pays que traverserait le railway, entre ces deux stations éloignées, est absolument désert. C'est la région du Grand-Erg, c'est-à-dire, des grandes dunes de sable et des ghourd. Vers l'Est, cette région n'a pas de limites ; du côté Ouest, elle est arrêtée par le plateau hamadien du Tademaït qui s'étend jusqu'au 1er degré de longitude Ouest. Dans cette immensité, il n'y a rien, rien. (Voir la carte des Travaux Publics de 1883).

Cette section aurait environ 720 kilomètres de développement ; la presque totalité est absolument dépourvue d'eau. Sauf quelques puits aux environs d'Ouargla, d'El-Biod et de Timassinin, on ne rencontre pas le moindre *Assi*, pas la plus maigre *Daya*. La carte même de M. Fourreau est muette à cet égard.

Le pays est très mouvementé : son altitude varie de 200 à 600 mètres ; la pente monte insensiblement vers le Sud. Le sol est généralement sableux, quelquefois hamadien. En tous cas, il n'est capable d'aucun produit. Les trains ne recueilleront rien du tout sur tout le trajet de cette steppe désespérante.

En fait, l'établissement d'une voie ferrée rencontrerait des difficultés techniques sérieuses, à cause des dunes qui sillonnent le pays sur plus de 500 kilomètres de développement, dunes qu'il faudra couper pour asseoir la voie et qui donneront lieu à des terrassements considérables. Le mouvement des sables provoqué par les vents gênera énormément l'entretien et le dégagement de la voie ferrée.

Les talus sableux seront d'une mauvaise tenue ; il y aura, là, une sujétion de surveillance de la voie tout exceptionnelle. M. l'Ingénieur en chef des Ponts et Chaussées, Duponchel, avait prévu ce cas, qu'il pensait éviter au moyen de voûtes para-sables.

En outre, l'alimentation en eau sera très difficile. On devra recourir à l'emploi très onéreux des conduites forcées de M. l'Ingénieur Duponchel, ou bien, à la sonde artésienne, d'un succès incertain.

Dans le cas de conduites forcées, on exposerait plusieurs convois à la merci de la malveillance ; il suffirait d'un coup de marteau pour vider toute la conduite, assoiffer le personnel de la voie et de la traction et annihiler les locomotives.

Un point essentiel à considérer, et nous appelons sur lui l'attention des membres de la Commission, c'est la main-d'œuvre pour la substruction et les travaux d'art. D'où viendront les ouvriers ? au prix de quels sacrifices pourra-t-on se les procurer et les alimenter dans de pareilles régions, sous un climat abominable ? Que coûtera le transport sur place du matériel, des approvisionnements et du combustible ?

L'exemple du chemin de fer de Kayes à Bafoulabé, où la main-d'œuvre a coûté si cher, doit commander la prudence.

La protection d'une pareille voie sera difficile et pénible pour des gardiens isolés, dont les maisonnettes seront placées à de grandes distances les unes des autres, et surtout, des points de secours.

Les ondulations et les reliefs des dunes de l'Erg et des Ghourd masqueront la perspective : on ne distinguera rien à des distances rapprochées.

Si, maintenant, on considère la question au point de vue du trafic, c'est-à-dire de la production et de la consommation, la réponse résultera de ce qui précède ; elle se résumera ainsi : pas de population, pas de produits, pas de trafic, partant pas de revenus.

On a mis en avant l'idée que nous devrions nous établir solidement à Amguid ; cette installation, en plein désert, sous des températures brûlantes, nous serait commandée, paraît-il, par les considérations suivantes :

1º Parce que nous devons nous rendre maître des Touareg de l'Ouest ;

2º Ensuite, pour faire de ce petit ksar une station centrale vers laquelle convergeraient les caravanes venant d'Insalah, Timissao, Agades, Rhât, Rhadames, Ouargla, etc.

Mais toute la région rayonnant autour d'Amguid est à peu près inconnue ; quoi qu'on en dise, les reconnaissances de la mission Flatters sont extrêmement sommaires ; la carte des Travaux publics le montre clairement. Rien ne prouve, d'ailleurs, que ce ksar, placé sous notre surveillance à 1,050 kilomètres de Biskra, sera choisi par les caravanes de préférence aux marchés connus et pratiqués depuis longtemps, pour l'échange des marchandises. Les actes commerciaux de cette nature s'accommoderaient mal de la présence d'une force armée étrangère. On a affaire ici à des nomades qui se déplacent très facilement et qui vivent dans une indépendance absolue. Rien ne les attache au pays qu'ils n'occupent que selon les nécessités de leurs entreprises. Le jour où leur commerce serait gêné, les caravanes se dirigeraient sur Tripoli par Rhadames. Que deviendra alors Amguid ?

Au surplus, quel est l'appoint que ces rares caravanes, détournées de leur voie primitive, fourniraient au trafic de la ligne ; il sera bien maigre assurément.

En ce qui concerne les Touareg de l'Ouest, il sera facile de les mettre dans l'impuissance de nous nuire ; le seul moyen consistera dans l'occupation effective du Touat et du Tidikelt, qui servent de théâtre à leurs exploits de vol et de rapine. Les populations de ces pays sont d'origine berbère ; elles sont timides et incapables de se défendre contre ces écumeurs impitoyables du désert ; elles habitent des villages, elles sont par conséquent stables, et n'ont rien de commun avec les nomades Touareg ou Chambaâ, qu'elles craignent avec terreur.

Un autre point capital à considérer, est celui de la dépense à faire pour l'installation d'une voie ferrée de Ouargla à Amguid ; à cet égard, on est absolument dépourvu d'éléments sérieux.

Ainsi, quel est le devis des travaux de terrassement de la voie, des gares et des maisons de garde ; quelles seront les conditions d'exploitation et de protection ?... On ne dit rien !

Les capitaux sont très timides ; les questions de sentiments ou de politique spéculative les touchent peu, même avec la certitude d'une garantie. Ils ne marchent que sur des données précises, positives. Or, ici, ces données manquent ou elles sont purement hypothétiques. Cependant, il a été question, dans quelques journaux, d'une dépense en bloc de cent millions, entre Biskra et Amguid (1). Ce chiffre, qui ramènerait le kilomètre à

______

(1) Lettre de M. Rolland du 21 août 1890.

100,000 francs environ, est trop faible, à cause de la traversée des grandes dunes de l'Erg contre lesquelles il faudra se garantir.

Il eût été intéressant d'être sérieusement renseigné sur le prix de revient de la voie, au point de vue de la question à résoudre, à savoir : à quel tracé donner la préférence.

Entre Philippeville et Amguid, partie principale du Transsaharien de l'Est, la longueur sera de 1,370 kilomètres en chiffre rond. Sur cette longueur, il n'y a actuellement en exploitation que 320 kilomètres dont la voie est à grande section. Il resterait à construire 1,050 kilomètres environ, en adoptant, par mesure d'économie, la voie de un mètre de largeur seulement.

En résumé, les observations qui précèdent démontrent que la construction d'une voie ferrée entre Ouargla et Amguid sera extêmement coûteuse ; son exploitation n'aura aucune chance de succès. Cette entreprise pèserait d'un poids tellement lourd sur la garantie de l'Etat, que le développement du chemin de fer en Algérie serait à jamais compromis.

Section d'Amguid à Bourroun

Pour cette section finale, on estime la distance à 1,200 kilomètres environ.

Cette voie rencontrera, ai-je-dit plus haut, le tracé occidental à Timissao, et se confondra avec lui jusqu'au terminus.

Le pays à traverser n'a été décrit qu'à l'aide de renseignements recueillis auprès de divers indigènes soudaniens par M. Pouyanne, Ingénieur en chef des Mines, à Alger, et M. Sabatier, ancien député d'Oran. On a consulté également l'ouvrage du capitaine Bissuel : *Les Touareg de l'Ouest*. S'il est possible de croire, grâce à ces renseignements, que l'installation d'une voie ferrée est praticable dans ces régions, il serait très imprudent d'établir sur ces bases fragiles les éléments d'une grosse entreprise qui ne doit rien laisser à l'inconnu. Nous considérons donc cette partie du projet comme *irréalisable*, du moins pour longtemps.

Section d'Amguid au Tchad

Avec MM. Rolland et Philebert, nous aurions désiré ardemment que notre influence politique prenne pied dans le Soudan central jusqu'à la rive droite de la Bénoué. Cela était possible avec de l'énergie et de la volonté. Ce pays, minutieusement décrit par Barth, est riche, très peuplé, très producteur ; nous visions cet objectif depuis longtemps. Mais le traité qui vient d'être signé avec l'Angleterre, à propos du Zanzibar, nous enlève toute illusion pour l'avenir ; nos capitaux seraient sacrifiés au profit de cette dernière puissance.

D'ailleurs, on ne pourrait atteindre le Tchad qu'au prix de difficultés techniques et économiques très considérables, nullement en rapport avec le but à atteindre.

En admettant toutes choses pour le mieux, on ne pourrait arriver au lac Soudanien avant une quinzaine d'années au moins. Cette échéance est trop longue et notre budget est trop pauvre.

Ce projet doit donc être totalement abandonné ; rien, absolument rien, ne le justifie.

Résumant tout ce qui vient d'être dit au sujet du tracé oriental, j'estime :

1° Que la section Biskra-Ouargla est possible sans avoir à vaincre de grandes difficultés. Mais le mouvement commercial y sera peu développé, car une partie du tracé traverse un pays peu habité et improductif.

Ouargla, terminus, présente une situation climatérique insupportable pour les Européens. L'alimentation en eau convenable pour les personnes et pour les machines sera très difficilement assurée.

Il y a lieu, cependant, de faire exception pour la partie du tracé comprise entre Biskra et Touggourt.

2° La section d'Ouargla à Amguid sera très coûteuse à raison de la rareté de la main d'œuvre ; elle traversera un pays couvert de dunes, dépourvu d'eau, sauf peut-être quelques nappes artésiennes incertaines. La surveillance sera difficile et onéreuse, la production et le trafic nuls.

3° D'Amguid à Bourroun, le pays est à peu près inconnu ; on ne possède que des données insuffisantes pour servir de base à une appréciation raisonnée.

4° D'Amguid au Tchad, le pays est inexploré.

Du reste, après le traité Franco-Anglais, l'objectif Tchad n'a plus de raison d'être. Nous travaillerions pour les Anglais. Ce serait donc une duperie.

CONCLUSION :

Sauf la section de Biskra à Touggourt, le tracé Oriental doit être abandonné.

II

TRACÉ OCCIDENTAL

Voyons, tout d'abord, les critiques adressées à ce tracé; j'examinerai ensuite les conditions favorables qui le distinguent du tracé oriental.

MM. Rolland et Philebert entrevoient tout d'abord de grosses difficultés internationales. — Ces Messieurs n'admettent pas que d'Aïn-Sefra on puisse aller à Figuig, oasis marocaine, sans une entente avec l'Empereur du Maroc, bien que son autorité y *soit à peu près illusoire.* — La voie ferrée de l'Ouest, qui longe la frontière occidentale (?), serait exposée de flanc aux incursions des Ouled-Sidi-Cheikh et des pillards marocains. — En allant au Touat, nous aurons à redouter l'élément musulman — c'est-à-dire religieux — qui nous y livrera bataille.

Voilà les considérations politiques et stratégiques sur lesquelles on s'appuie pour critiquer et combattre, en termes convenables, d'ailleurs, le tracé occidental.

Quant à la partie économique, à savoir: la dépense de substruction et d'exploitation; les populations à desservir et le trafic auquel elles pourront donner lieu; les conditions de sécurité et d'hygiène, etc., elles n'ont pas été suffisamment examinées.

Discutons rapidement ces diverses objections.

Les difficultés politiques et internationales n'existent pas, pas plus, d'ailleurs, qu'il n'existe de frontière bordant la voie ferrée. Pour être édifié à cet égard, il n'y a qu'à consulter le traité conclu avec le Maroc, le 18 mars 1845. Ce traité dit : *qu'au delà de la latitude d'Iche, le pays n'appartient à personne*. Nos droits au delà de cette latitude sont aussi légitimes que ceux de qui que ce soit; notre installation dans ce pays jusqu'au Touat ne peut soulever aucune difficulté internationale. Ce ne sera certes pas le Maroc, *cet empire vermoulu*, comme le juge M. Rolland, qui pourra y mettre obstacle.

De quel côté viendraient, alors, ces difficultés internationales.........?

En ce qui concerne l'oasis de Figuig, nous vivons avec nos voisins dans de bons rapports. Les Figuiguiens, que la légende nous présentait comme énergiquement jaloux de leur indépendance, ont bien changé de caractère, depuis le rapprochement de notre voisinage. M. le colonel de Breuille, commandant supérieur du cercle d'Aïn-Sefra, fournira, à cet égard, les renseignements les plus rassurants.

Un exemple entre autres.

Dans ces derniers temps, quelques soldats de la Légion étrangère désertèrent à Figuig, avec armes et bagages. Le chef de l'oasis les fit reconduire de suite, sous bonne escorte, à M. le Commandant supérieur d'Aïn-Sefra.

Au point de vue commercial, les relations avec les gens de l'oasis sont quotidiennes; elles grandissent. La voie ferrée en décuplera l'importance. Il ne faut pas oublier que le Tafilalet et Figuig sont alimentés des produits de l'industrie européenne par des caravanes qui viennent péniblement de l'Atlantique, avec les risques et les dangers que comporte la traversée de tribus insoumises. Aussi bien, cette voie commerciale sera abandonnée aussitôt après l'installation de notre chemin de fer.

La crainte que la voie ferrée soit pillée par les Ouled-

Sidi-Cheikh et les nomades marocains est plus apparente que réelle ; je dirai même qu'elle n'est pas fondée.

D'abord, les Ouled-Sidi-Cheikh sont trop peu nombreux pour tenter une pareille aventure ; ils nous sont entièrement soumis. En cas d'infidélité, comme ils habitent sur le territoire français, ils seraient vite châtiés.

Quant aux nomades marocains, l'installation de la voie ferrée, le mode de construction des gares et des stations proposé, la rapidité des communications, les tiendront en respect. Ils n'ont pas oublié l'expédition d'Aïn-Chaïr en 1870, chez les Beni-Guil, tribu marocaine. Ils seront moins à redouter, d'ailleurs, vu leur faible nombre, que les tribus nomades et indépendantes des Touareg, ces pirates du désert, qui ne vivent que de pillage et de rapine, et dont le tracé oriental contrariera sans doute le genre d'existence. Et, à ce propos, il est peut être utile d'examiner ce qui pourrait se passer, le cas échéant, du côté oriental.

La voie ferrée apportera, je viens de le dire, des modifications profondes et radicales dans les mœurs et les habitudes des Touareg. Cette sorte de révolution chez des nomades nombreux et insaisissables, protégés par un pays accidenté connu d'eux seulement, ne se produira pas sans qu'elle donne naissance à des froissements, à des résistances énergiques, peut-être invincibles. Que deviendra, dans cette hypothèse très probable, la voie ferrée orientale ? Comment la défendre et la protéger ?

La grande confédération des Touareg embrasse un espace de 10 degrés de latitude sur 6 degrés de longitude. A l'Ouest, elle descend au-dessous de la boucle du Niger ; vers l'Est, elle confine à la Tripolitaine. Toute la zône, depuis Amguid jusqu'au Tchad, est sous leur dépendance. Le centre du pays est occupé par les grands massifs montagneux du Haggar, du Tassili et l'Adrar des Aouelimmiden. C'est dans ces montagnes inexpugnables qu'ils se réfugient en cas de guerre. L'occupation du pays nous condamnerait donc au régime des expéditions permanentes.

L'entreprise du malheureux colonel Flatters, dont la Société de Géographie d'Oran avait prédit la fin tragique, commande impérieusement la plus grande réserve à l'égard de gens aussi fourbes.

Dans une semblable situation, la soumission isolée ou intéressée de quelque chef Touareg du Nord, paraît trop insignifiante pour l'escompter d'avance; elle ne saurait engager les autres tribus de la confédération. C'est donc une garantie tout à fait illusoire.

Eh bien, le tracé occidental que nous préconisons ne se trouvera jamais exposé à de semblables dangers.

MM. Rolland et Philebert ont proposé une installation solide à Amguid, que l'on transformerait ensuite en un centre commercial, vers lequel convergeraient les caravanes de tout un tour d'horizon, jusqu'à des distances considérables. J'ai expliqué, plus haut, combien le succès de cette entreprise, pleine *d'aléas*, était précaire.

Mais cette installation difficile, en tout cas très imprudente, à Amguid, on peut la réaliser aisément à Timimoun et à Timadanin ou à Taourir. Ici nous aurons affaire à des populations paisibles, laborieuses, habitant des villages dont la situation nous est parfaitement connue; mais elles sont toujours sous la crainte d'une attaque des pillards Chambaâ ou Touareg qui viennent périodiquement les raser; de sorte que ces populations n'attendent que le moment où nous pourrons les couvrir de notre protection. Ce sera l'œuvre de la voie ferrée. Les incursions, d'où qu'elles viennent, n'auront alors rien de redoutable; il a suffi de notre installation à Aïn-Sefra pour arrêter celles des tribus marocaines voisines de la frontière; elle suffira pour faire des Touatiens des auxiliaires dévoués.

C'est au milieu de cette tranquillité, de cette sécurité, que le mouvement commercial pourra se développer aisément. Timimoun et Timadanin, transformés en centres commerciaux, attireront les caravanes les plus lointaines, qui viendront avec confiance y faire leurs échanges.

Question religieuse.

La question religieuse peut-elle être invoquée, dans cette circonstance, comme un danger redoutable pour nous ? On paraît le croire, je ne le crois pas du tout.

En effet, l'intérêt et la sécurité personnelle sont des préoccupations majeures qui priment tout autre sentiment, même religieux. Les Berbères de l'Oued Messaoura et de l'Oued Messaoud, mis en coupe réglée, massacrés, par des ennemis pratiquant, comme eux, la même religion, n'attacheront plus qu'une médiocre importance aux considérations religieuses. Leur choix sera bientôt fait. Ces populations préféreront la sécurité avec une nation qui a déjà, sous son autorité, une quantité considérable de musulmans, heureux de cette situation, que d'être volés et pillés au nom de Mahomed. C'est l'avis de tout le monde ici.

Du reste, les Berbères, comme les Kabyles, sont médiocrement religieux.

Aussitôt notre installation au Touat, on pourra étudier avec plus de sécurité le complément du Transsaharien qui doit nous conduire dans la vallée du Niger.

Nos établissements au Touat et au Gourara devront être protégés par des troupes. Les contingents sénégalais pourront être utilement employés à cet effet ; on écartera ainsi toute crainte d'entente ultérieure avec les populations protégées.

En résumé, on peut dire que les craintes manifestées au sujet du tracé occidental manquent absolument d'appui.

Il reste maintenant la question économique proprement dite.

Cette question a été traitée avec les détails que comporte la limite restreinte d'une brochure, dans les *Notes complémentaires* dont j'ai parlé au début de ce travail; je me contenterai d'y renvoyer les lecteurs désireux d'être complètement renseignés. Toutefois, j'en résumerai les principales divisions.

Section d'Aïn-Sefra à Igly

Cette section n'a qu'un passage un peu sérieux à franchir : le relief du Djebel Mekter. On peut descendre également l'Oued-Sefra jusqu'à Tyout. Puis, soit que l'on aille directement sur Figuig, soit que l'on se contente de suivre l'Oued Azoudj depuis Kreneg-es-Zoubia jusqu'à l'Oued Zouzfana, le pays ne présente aucune difficulté technique; il est riche, il est abondamment pourvu d'eau, grâce aux neiges annuelles qui couronnent les crêtes du grand Atlas marocain et qui entretiennent le courant souterrain de l'Oued Ghir et de l'Oued Zouzfana, affluents de l'Oued Messaoura. Jusqu'à Igly, la voie descendra avec des frais de substruction réduits au minimum.

Igly commande tous les riches pays du Tafilalet, de Figuig, des Beni Goumi et du Gourara. Les populations qui seront placées sous le rayon d'action de la voie ferrée présentent un effectif de 600,000 habitants environ, répartis dans 650 villages ou ksours et possédant 4,500,000 palmiers en chiffre rond. Les caravanes du

Touat et du Tidikelt, celles qui viendront de Mabrouck, d'Idèles, de Timassinin, etc., remonteront jusqu'à Igly pour opérer leurs échanges.

La construction de cette section s'impose à raison des intérêts considérables qu'elle devra desservir, et aussi à cause de cette circonstance que Aïn-Sefra terminus restera un cul-de-sac improductif tant que l'on n'aura pas atteint Igly. Ce sera alors seulement que la garantie d'intérêt deviendra fictive. Ce sera une économie pour le budget.

Deux ans suffiraient pour l'achèvement de cette section.

Comme dimension transversale de voie, j'ai donné la préférence au profil de un mètre d'écartement ; c'est le seul qui se prête le mieux aux conditions de trafic et de sécurité. Une largeur plus réduite procurerait une économie insignifiante ; elle rendrait difficile le transport du matériel de guerre et de la cavalerie.

D'ailleurs, la partie actuellement en exploitation est du même type de un mètre.

Les rails seront en acier, de 12 mètres de longueur, posés sur traverses en tôle. La surveillance de la voie sera aisée, par la raison que le pays est parsemé de villages et qu'il est plat.

Avec ces données positives, peut-on mettre en parallèle la section correspondante du tracé oriental : Biskra-Ouargla ? Certes non.

Section d'Igly à Timadanin

Timadanin est situé à l'extrémité méridionale du Touat. Cette région comprend les confédérations de Bouda, Timmi, Tamest, Kounta, le Reggan, etc. Notre voie ferrée, parvenue à Timadanin, fera sentir notre influence sur l'Aoulef, l'Inrar et Insalah, qui constituent le groupe du Tidikelt. Les populations que le railway intéressera plus ou moins directement, forment un effectif de 445,000 habitants, répartis dans plus de 300 ksours, et possédant plus de 6,500,000 palmiers. Ce sont de véritables forêts à l'ombre desquelles la voie allongera ses rubans de fer. Le fait est assez original, il mérite d'être signalé.

Depuis Igly, le railway suivra le thalweg, très ouvert d'ailleurs, de la vallée de l'Oued Messaoura, où l'Areg ne pénètre jamais. Le sol incline vers le Sud, suivant une pente insensible. L'eau est abondante et de bonne qualité, à une faible profondeur de la surface. Cette richesse hydrologique explique les nombreuses plantations de palmiers qui existent dans la région. Le palmier, dit l'Arabe, doit avoir la tête au soleil et les pieds dans l'eau. C'est le cas.

Les dépenses de substruction ne seront guère plus considérables que pour la section précédente, à cause de l'absence de travaux d'art et de l'importance réduite des terrassements.

J'ai expliqué, dans ma brochure, les aménagements qui devaient être adoptés dans la construction des gares et des stations au point de vue défensif.

Quant à la main-d'œuvre, elle serait fournie par l'élément marocain, qui ne fera jamais défaut.

La direction des trains serait confiée à des mécaniciens maures, berbères ou kabyles, dressés à l'École de Dellys. La surveillance de la voie serait faite par des Marocains. Sur la plupart des routes de la province d'Oran et sur les voies ferrées, les postes de cantonniers et de garde-barrière sont souvent occupés par des Marocains dont le service est très satisfaisant.

, La section d'Igly à Timadanin devrait être entreprise aussitôt la mise en exploitation de celle *Aïn-Sefra-Igly*.

Une période de trois années, tout au plus, suffirait pour atteindre Timadanin ou Taourir, terminus provisoire.

Les caravanes, qui tout à l'heure devaient remonter jusqu'à Igly, s'arrêteront à Timadanin ; il en résultera une économie de temps et d'argent considérables : ce sera un encouragement pour les caravaniers.

Actuellement, les seules caravanes qui vont tous les ans des Hauts-Plateaux Oranais vers le Gourara et le Touat, donnent lieu à un trafic qui dépasse 1,500,000 fr. ; elles mettent en mouvement 4,000 personnes et 15,000 chameaux. Que deviendra ce trafic, lorsque la voie ferrée fovorisera les transports et protègera les échanges commerciaux ?

Le sel sera un aliment considérable pour la voie ferrée. Ce condiment est abondant dans la province d'Oran, qui peut en expédier plusieurs milliers de tonnes par an. Le Soudan en est absolument privé. C'est à tel point que le lieutenant Mage a raconté, quelque part, qu'on échange une esclave contre la quantité de sel qui remplit l'empreinte de ses pieds dans le sable.

Je laisse sous silence nos céréales, dont le placement sera certain au plus grand profit de la Colonie.

En ce qui concerne les dattes, celles du Gourara et du Touat sont d'une qualité supérieure ; de l'avis de personnes compétentes, on peut extraire de ce fruit, essentiellement sucré, un alcool de premier choix, qui remplacera avantageusement les alcools détestables d'Allemagne.

Le *Dictionnaire des Sciences*, de Privat d'Eschanel, désigne cet alcool sous le nom de *nectar de dattes*.

Enfin, en se posant à un point de vue absolument métropolitain, la voie ferrée favoriserait le placement des produits manufacturiers de nos industries françaises, auxquelles elle servira de débouché.

Voilà, certes, des données sérieuses, positives, connues de tous; voilà des garanties d'un bénéfice assuré, que ne pourra donner jamais le tracé *Ouargla-Amguid*.

Section de Timadanin à Timboktou
et à Bourroun

Il a été dit plus haut, à propos du tracé oriental, que ces régions n'étaient connues que par les renseignements recueillis dans une enquête à laquelle s'étaient livrés M. Pouyanne et M. Sabatier. Avec ces éléments, suffisants pour une étude préparatoire, il n'était guère possible de discuter les conditions d'établissement et d'exploitation d'une voie ferrée. Notre installation au Touat et sur le Niger rendra cette étude facile avec toute la sécurité-désirable. On a tout lieu de croire, cependant, que la vallée que sillonne l'Oued Ahennet est la continuation souterraine de l'Oued Messaoud, jusqu'au marais de Kasouff.

Voies et moyens d'exécution

Si les auteurs du tracé oriental sont muets au sujet de ces bases essentielles du problème à résoudre, il n'en est pas de même pour le tracé occidental.

D'Aïn-Sefra jusqu'à Igly, pas d'inconnu. On possède tous éléments nécessaires pour l'entreprise du tracé définitif; peu de temps suffirait pour cela, car une sorte d'avant projet a déjà été dressée. On n'aura pas plus de difficultés à vaincre que pour la section du Kreider à Aïn-Sefra; cette dernière a fourni les éléments expérimentaux voulus pour l'évaluation des frais de substruction. Construite à forfait pour le compte de l'État, la dépense kilométrique réelle de l'entreprise n'a pas atteint 50,000 francs.

J'ai compté, dans mon estimation, 60,000 francs par kilomètre. Ce chiffre est suffisant.

En ce qui concerne la section Igly-Timadanin, les conditions d'exécution seront absolument les mêmes; le sol est plat et légèrement sableux ; la pose de la voie sera très facile; la main-d'œuvre sera la même, c'est-à-dire marocaine. Néanmoins, j'ai fixé le prix kilométrique à 80,000 francs.

Selon ces données, la dépense de substruction, d'Aïn-Sefra à Timadanin, se résumera ainsi :

1° D'Aïn-Sefra à Igly :

Longueur : 350 kilomètres, à 60,000 fr. = 21.000.000 fr.

2° D'Igly à Timadanin :

Longueur : 460 kilomètres, à 80,000 fr. = 36.800.000 fr.

Total. . . 57.800.000 fr.

soit 60 millions en chiffre rond.

La garantie d'intérêt pour chaque section sera la suivante, calculée à 5 % :

1re Section . . . . 1.100.000 fr.
2e Section . . . . 1.940.000 fr.

en chiffre rond, 3 millions.

Ce chiffre est insignifiant en présence du résultat à atteindre.

Cette garantie devra être diminuée évidemment des produits de l'exploitation dont le chiffre ira croissant.

En ce qui concerne les éléments du trafic, l'exportation comprendrait : les céréales, le sel, les tissus, la quincaillerie, la bimbloterie, la graisse, le beurre, l'huile, le sucre, le café, savon, anis, chèvres, moutons, viandes sèches, etc.

L'importation embrasserait les produits du pays: dattes, henné, gomme, burnous, haïcks, peaux, et les produits du Soudan que les caravanes amèneraient au terminus. Ce sont à peu près les mêmes marchandises qui servent aux échanges avec les tribus des Hauts-Plateaux Oranais, sauf l'ivoire, les arachides, les gommes, etc.

Les 11 millions de palmiers qui ombragent le pays, peuvent produire, d'après des statistiques dignes de foi, plus de 400,000 tonnes de dattes. Une exportation de 10 à 15,000 tonnes seulement suffirait pour alimenter un certain nombre de trains; il ne serait pas utile, d'ailleurs, que ces trains fussent quotidiens.

D'Aïn-Sefra au Touat, le rapport kilométrique du chemin de fer au chiffre de la population desservie, est à peu près égal à celui des autres voies ferrées algériennes.

C'est-à-dire que le kilomètre de voie correspond, de part et d'autre, à 1,100 habitants environ.

Je donne ci-après, le tableau comparatif des différentes sections des deux tracés :

TRACÉ ORIENTAL

De Philippeville à Biskra.	320 ^{k}
De Biskra à Ouargla	330
De Ouargla à Amguid.	720
Total.	1.370 ^{k}
A déduire la 1re section en exploitation.	320
Reste à construire	1.050 ^{k}

TRACÉ OCCIDENTAL

D'Oran ou d'Arzew à Aïn-Sefra	454 ^{k}
D'Aïn-Sefra à Igly	350
D'Igly à Timadanin	460
Total.	1.264 ^{k}
A déduire la 1re section en exploitation.	454
Reste à construire	810 ^{k}

soit 240 kilomètres de moins.

Tracé oriental (De Philippeville à Amguid, 1.370)
entier (D'Amguid à Bourroun, 1.200) 2.570^k

Tracé occidental (D'Oran à Timadanin, 1.264)
entier (De Timadanin à Bourroun, 1.000) 2.264

Différence en faveur du tracé occidental. . . 306^k

COMPARAISON DE LA DÉPENSE

Tracé oriental, de Biskra à Amguid, 1,050
kilomètres (1). . . . . 100.000.000 fr.
Tracé occidental, d'Aïn-Sefra à Timada-
nin, 810^k . . . . 58.000.000 «

Différence au profit du tracé occi-
dental . . . . 42.000.000 fr.

CONCLUSION GÉNÉRALE

1° Le tracé occidental est le plus court; il présente des conditions techniques d'exécution et d'exploitation bien plus favorables; il a une plus grande longueur de voie construite.

Ce tracé sera aussi le plus productif; il desservira des pays connus, riches en plantations de palmiers, et dont la population est très dense et très tranquille.

Timadanin, son terminus provisoire, deviendra le centre d'un mouvement commercial très important, entretenu par les caravanes qui viendront de la vallée du Haut-Niger et du Soudan central.

---

(1) Cette estimation de 100 millions est purement hypothétique, on ne donne aucun sous-détail.

La dépense totale de substruction ne dépassera pas 60,000,000 de francs, que l'on pourra répartir en deux ou trois sections successives. Elle est à peine **les six dixièmes** de la partie correspondante du tracé oriental.

2° Le tracé oriental présente, à son avoir, une trop forte somme d'inconnues pour être l'objet d'une préférence. Les mécomptes qui lui sont réservés motiveraient l'arrêt de tout développement ultérieur des voies ferrées en Algérie.

J. BOUTY,

Contrôleur principal des Mines.

*Secrétaire général de la Société de Géographie
et d'Archéologie d'Oran.*

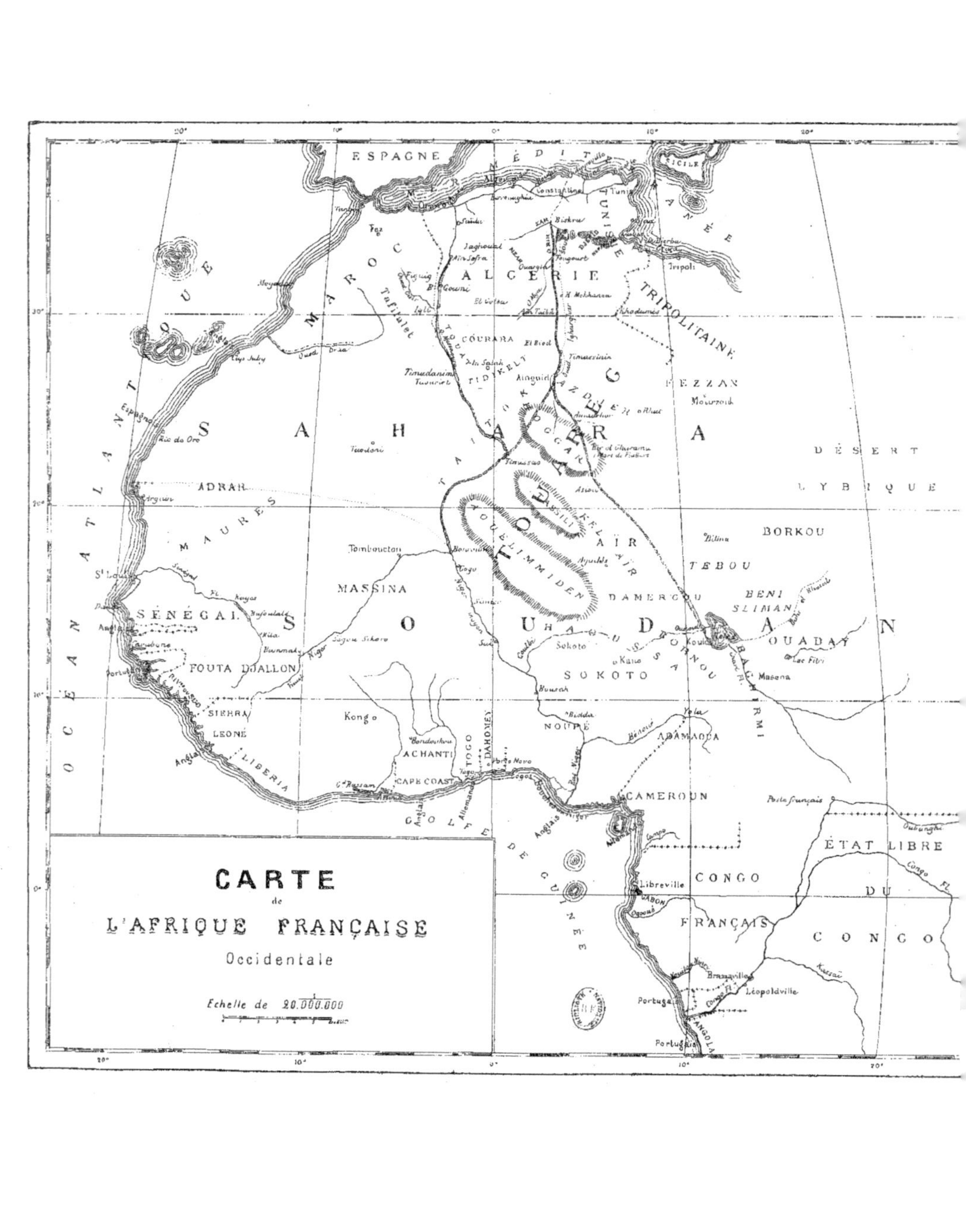

CARTE

de

L'AFRIQUE FRANÇAISE

Occidentale

Echelle de 20.000.000

www.ingramcontent.com/pod-product-compliance
Lightning Source LLC
Chambersburg PA
CBHW070829160726
PP18578800001B/83